LA MAISON DES AÏEULES

suivie de

MADEMOISELLE ANNA TRÈS HUMBLE POUPÉE

PAR **PIERRE LOTI**

DE L'ACADÉMIE FRANÇAISE

Illustrations d'André Hellé

HENRI FLOURY, ÉDITEUR

PARIS

LA MAISON DES AÏEULES

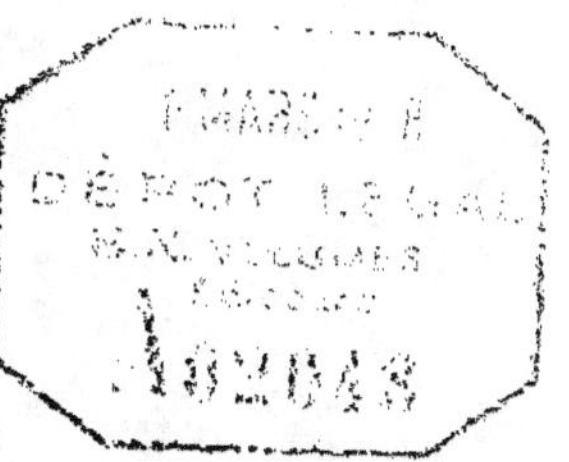

LA MAISON DES AÏEULES

suivie de

MADEMOISELLE ANNA
TRÈS HUMBLE POUPÉE

PAR **PIERRE LOTI**
DE L'ACADÉMIE FRANÇAISE

Illustrations par André Hellé

HENRI FLOURY, ÉDITEUR
2, rue Saint-Sulpice, Paris

LA MAISON
DES AÏEULES

Avril 1899.

COMBIEN est singulier et difficilement ex-
plicable le charme gardé par des lieux
qu'on a connus à peine, au début lointain de
la vie, étant tout petit enfant, — mais où
les ancêtres, depuis des époques imprécises,
avaient vécu et s'étaient succédé !

La maison dont je vais parler, — la maison
« de l'île », comme on l'appelait dans ma
famille autrefois, — la maison de mes ancêtres
huguenots avait été vendue à des étrangers
après la mort de mon arrière-grand'mère,

Jeanne Renaudin, il y a plus de soixante ans. Quand je vins au monde, elle appartenait à un pasteur, ami de ma famille, qui n'y changeait aucune chose, y respectait nos souvenirs et n'y troublait point le sommeil de nos morts, couchés au temps des persécutions religieuses dans la terre du jardin. Pendant les premières années de ma vie, ma mère, mes tantes et grand'-tantes, qui avaient passé dans cette maison une partie de leur jeunesse, y venaient souvent en

pèlerinage ; on m'y conduisait aussi et il semblait que, malgré les actes notariés, elle n'eût
pas cessé de nous appartenir, par quelque lien
secret, insaisissable pour les hommes de loi.

Ensuite, nous nous étions peu à peu désha-
bitués d'aller dans l'île, — où, d'ailleurs, les

dernières de nos vieilles tantes étaient mortes, —
et je n'avais plus revu
l'antique demeure.

Mais je ne l'avais
point oubliée, et il
restait décidé au
fond de moi-même
que je la rachèterais
un jour, quand le
pasteur, qui l'habi-
tait depuis si long-
temps, y aurait
achevé son exis-
tence d'apôtre.

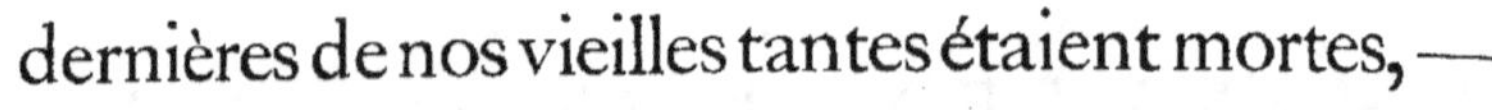

*
* *

Tout arrive à la longue : depuis une semaine, j'ai signé l'acte qui me rend possesseur de ce lieu ancestral. Et aujourd'hui, pour le revoir après plus de trente années, je pars de Rochefort avec mon fils, un matin pluvieux d'avril.

Mon fils n'y est jamais venu, lui, dans l'île ; depuis quelques jours à peine il a commencé d'en entendre parler, — et, cependant, sous je ne sais quelles influences ataviques, sa petite imagination de dix ans s'est étrangement tendue vers ce pays et cette demeure où je vais le conduire.

La pluie tombe incessante, d'un ciel noir. Nous roulons d'abord en chemin de fer dans les plaines d'Aunis, dont les grands horizons

monotones con-

finent à l'Océan.

Arrivés ensuite

au port où l'on s'embarque, sous une ondée

plus furieuse, nous courons nous enfermer, sans

rien voir, dans la cabine d'un bateau. Et, la

courte traversée accomplie, nous remettons

pied à terre, devant des remparts gris : c'est

le Château, la première ville d'Oleron. Mais il pleut si fort que cela finit par noyer toute pensée, toute émotion de retour ; les choses de l'île me semblent étrangères et quelconques.

On attelle pour nous une carriole, où nous montons à la hâte, sous le décevant arrosage, — et, en une heure maintenant, nous arriverons à Saint-Pierre, l'autre petite ville qui est là-bas loin des plages, sur les

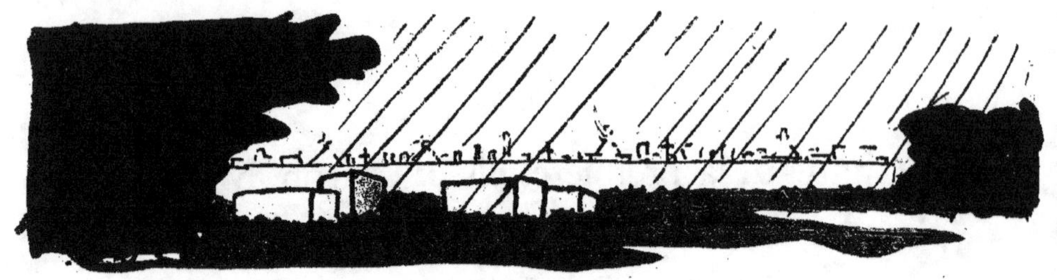

terres du centre, et où gît mélancoliquement
la vieille maison familiale...

« Dans l'île »... Quand j'étais tout petit
enfant, j'entendais prononcer ces mots avec une
nuance de respect et de regret par ma grand'-
mère, qui était une exilée de sa demeure et de
ses terres d'Oleron ; de même, par ma bonne

qui était une exilée de son village d'ici... Et
« l'île » avait en ce temps-là pour moi un mys-
térieux prestige, que rien, sans doute, dans ma

promenade de ce jour, ne me rappellera plus...

Mon fils a désiré emmener son domestique
et il a aussi recruté en route un de ses grands
amis, qu'il a connu naguère matelot, planton à
mon service, et qui est maintenant pêcheur sur
cette côte. Nous sommes donc quatre à présent,
pour ce pèlerinage.

Il pleut toujours, il pleut à verse, et, dans cette voiture fermée, on voit à peine la campagne qui fuit, tout embrouillée d'eau; aussi bien pourrait-on se croire n'importe où.

Mais voici pourtant que le sentiment d'être « dans l'île » me saisit d'une façon brusque et presque poignante, avec un rappel soudain des mélancolies de mon enfance... Être « dans l'île », être déjà un peu séparé du reste du monde, être entré dans une région plus tranquille et moins changée depuis le vieux temps !...

C'est un petit hameau, aperçu à travers les vitres rayées de pluie, qui m'a jeté au passage ce sentiment-là, un petit hameau tout blanc, tout blanc, d'une blancheur orientale, avec

des portes et des fe-
nêtres vertes : ses
trois maisonnettes
invraisemblablement
basses, son moulin
à vent qui tourne, les

moindres pierres de ses enclos, tout cela, blanc
comme du lait jusque par terre. Et, se déta-

chant sur cette laiteuse blancheur, de naïves
bordures de giroflées rouges… Le caractère
du pays d'Oleron est presque tout entier dans
cette chaux immaculée dont les plus humbles
logis s'enveloppent, et dans ces fleurs, écloses

à profusion le long des
petits murs.

Maintenant mon fils, à chaque maison du
chemin, me demande si celle-ci « était du temps
de mon enfance », si elle est nouvelle ou si je la
reconnais. Cette enfance, qui me paraît, à moi,
si proche encore et pour ainsi dire présente,

lui fait, à lui, évidemment, l'effet d'être déjà très reculée dans le passé, comme me semblait, à son âge, l'enfance de mon père ou de ma mère.

Dans la monotonie de la route, de la voiture fermée et de la pluie, mon esprit, par instants, se

rendort ; j'oublie où nous allons et où nous sommes. Mais chaque nom de ferme ou de village, redit quand nous passons, par le matelot qui nous accompagne, chante à mon oreille un refrain d'autrefois...

« A présent, grand'mère, raconte-moi des histoires de l'île d'Oleron ! » —— C'était généralement à la tombée d'une nuit d'hiver que je disais cela, en venant m'asseoir, tout petit, au pied de la chaise de l'aïeule. Je me faisais décrire l'ameublement de la vieille demeure, le costume et la figure d'ancêtres morts il y aura

bientôt cent ans. Mais je demandais surtout
les aventures de route, le récit des grands orages
qui vous surprenaient, en rase campagne ou sur

la mer, quand on
allait visiter des
vignes éloignées ou
bien quand on se
rendait de la mai-
son de Rochefort à
la maison de l'île,

— et à tout cela, bien
entendu, les noms de ces villages et de ces
fermes revenaient se mêler constamment...

Il pleut toujours. Déjà loin, derrière nous,
le clocher de Dolus (un village à mi-chemin)
se profile sur le gris des nuages, au-dessus d'un
bois. Cela, c'est un aspect de jadis, qui n'a pu
changer. Jadis, au temps de l'enfance de ma
mère, ou même au temps plus reculé de l'enfance de mes aïeules, quand avait lieu ce va-et-
vient de la famille entre Rochefort et Oleron,

quand s'accomplissaient, à la manière ancienne, sur des chevaux ou sur des ânes, tous ces voyages, — qui plus tard me furent contés entre chien et loup, aux crépuscules d'hiver, — jadis, ce clocher de Dolus, dans les ciels pluvieux d'alors, se dressait pareil au-dessus de ce même bois.

D'ailleurs, Saint-Pierre n'est plus très loin, et cette approche, semble-t-il, suffit pour aviver

en moi des images qui s'effaçaient, fait sortir
de l'ombre et reparaître aux yeux de ma mémoire les respectables et chers visages, aujour-
d'hui retournés à la poussière...

Notre voiture, plus bruyamment tout à
coup, roule sur des pavés,
dans des petites rues pai-
sibles, désertes et blanches;

— et c'est Saint-Pierre, où
nous venons enfin d'entrer !...

Mais la banalité de l'hôtel campagnard où l'on nous arrête, les détails ordinaires de l'arrivée, tout cela est pour couper mon rêve, dès l'abord. Et je ne retrouve plus rien; j'ai seulement le cœur serré, à cause de ce temps sombre, je suis déçu et je m'ennuie.

Cependant, par les petites rues mornes que les averses ont lavées, rencontrant quelques

bonnes femmes en coiffe et en « quichenotte[1] », nous allons nous acheminer à présent vers cette maison qui est le but de notre voyage.

Je crains de ne plus m'y reconnaître, après

1. Une sorte de béguin en toile cartonnée pour garantir le visage de la pluie et du soleil.

tant d'années, et je questionne une jeune fille qui nous regardait passer.

— Ah ! la maison du défunt pasteur ! me répond-elle. Tout droit, monsieur, et, après, le tournant là-bas, vous la trouverez à votre gauche.

Un calme un peu angoissant émane aujourd'hui pour moi de cette petite ville, assombrie

de nuages marins. Derrière des vitres, çà et là, d'honnêtes figures nous observent, avec une curiosité discrète. Et cela m'oppresse de sentir partout à l'entour des existences bornées et encloses — auxquelles devaient ressembler beaucoup, avec seulement un peu d'apparat et de grandeur patriarcale, les existences de mes ancêtres d'ici.

Mon fils, qui me suit entre ses deux amis, a
fini pour un temps de jouer avec eux et ne

dit plus rien, les yeux très ouverts, l'imagination très inquiétée de ce qu'il va voir. La pluie
a cessé, mais le vent d'ouest souffle avec vio-
lence ; le ciel reste lourd et obscur, exagérant la
blancheur des pavés, la blancheur de la chaux
sur les vieilles murailles.

Quelques pas encore après le tournant indi-
qué... Et tout à coup, avec une commotion

au cœur que je n'attendais pas, me croyant
moins près d'arriver, je la reconnais, là devant
moi, l'antique maison familiale... Elle est d'ailleurs exquise dans sa vétusté, bien plus que je
ne l'espérais ; la plus vaste et visiblement l'aînée
de celles du voisinage ; toute fermée, il va sans
dire, avec un air de paix et de mystère, d'im-
mobilité presque définitive, comme si elle som-
meillait depuis déjà des années sans nombre et

ne devait plus être réveillée. Son grand portail cintré, — que j'avais vu reproduit, l'automne dernier, au théâtre, dans « JUDITH RENAU-DIN » —, sa petite porte latérale et ses vieux auvents, tout cela est d'un vert délicieusement décoloré, dans la blancheur des couches de chaux qui l'enseve-lissent. Elle semble être l'âme de ce vieux petit

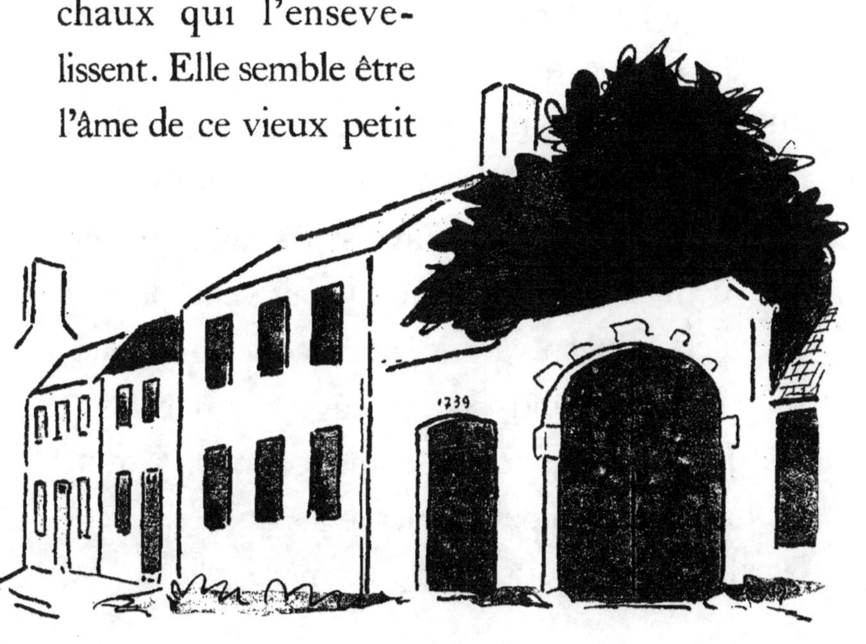

quartier mort qui l'entoure et qui, en plus de sa tristesse d'abandon, exhale aussi l'inexprimable tristesse des îles...

Les clefs, je les trouverai, m'a-t-on dit, chez une certaine vieille Véronique, laquelle fut servante du défunt pasteur, et s'est placée à présent dans une maison vis-à-vis de la mienne.

Je frappe donc au logis d'en face, — et une porte s'ouvre : mon Dieu, mais c'est là précisément que s'étaient retirées mes vieilles tantes !... Moi, qui n'y avais pas fait attention du dehors !... C'est là que j'étais venu pour la dernière fois, en vacances de Pâques, séjourner chez elles, quand j'avais l'âge de mon fils...

Je reconnais cette cour, ce petit jardin, comme si hier à peine je les avais quittés. Et ces vieilles tantes, cousines de ma mère, je les revois

si bien toutes les trois,
dans leurs pareilles robes de soie noire, dont
l'usure décente était perceptible à mes yeux
d'enfant!... Leurs attitudes et leurs yeux

disaient que d'étranges malheurs s'étaient appesantis sur elles ; on les sentait très pauvres, — malgré d'anciennes jolies choses, des bagues, des éventails, des porcelaines de Chine, conservées encore dans leurs armoires. Et j'avais passé chez elles huit jours de mélancoliques et solitaires vacances, en un mois de mars déjà fort lointain, sous des nuées basses comme celles de cette heure, tandis que soufflait un continuel grand vent d'équinoxe...

Véronique, coiffée à la mode de Saint-Pierre,
— le toquet blanc laissant paraître deux ban-
deaux bien lisses sur le front et un petit rouleau
de cheveux bien net sur la nuque — est une
bonne vieille, très brune, suivant le type de l'île,
avec un calme visage et un profil de médaille.
Elle devine aussitôt qui je dois être, et s'en va
chercher son trousseau de clefs.

Mon fils, entre ses deux amis, attend impa-
tiemment, au seuil de la maison muette, où il
va pénétrer comme dans un château de la Belle-
au-Bois-Dormant. Et moi, avec des sentiments
autres, plus complexes, plus graves, avec une
sorte de crainte religieuse, j'attends aussi que
s'ouvre le portail vénérable.

La clef ne veut pas tourner. Le vent souffle
en rafales chaudes. La maison, obstinément

fermée, prend sous le
ciel noir la blancheur
des vieux logis arabes.
Et, tandis que se pro-
longe mon attente, je

regarde au bout de
cette petite rue vide, tout de suite finie, tout de
suite ouverte sur la campagne sans arbres, je
regarde et je reconnais le déploiement de ces

champs et de ces marais plats, tout cet horizon de quasi-désert qui, en cet endroit, figurant comme fond de ce quartier mort, me glaçait l'âme pendant mes séjours d'enfant chez les tantes de l'île...

Elle tourne enfin, la clef, et Véronique pousse devant nous la lourde porte.

Oh! comment dire l'émotion de voir réapparaître, sous ces nuages de deuil, cette cour silencieuse des ancêtres!... Devant la façade intérieure aux auvents fermés, ce vieux perron, ces vieilles dalles verdies, tout cela envahi par la mousse et les herbes!... Je ne prévoyais pas ces aspects de cimetière.

Et voici que j'ai le sentiment de pénétrer chez les morts, chez les aïeules mortes. Nulle part autant qu'ici et à cette heure le passé ne m'avait enveloppé de son linceul.

Des fantômes, — mais des fantômes débonnaires et discrets, qui ne feraient aucune peur,

— doivent revenir se promener dans cette cour, lorsque le soir tombe : les aïeules en robe noire...

D'ailleurs, rien de changé, sans doute, depuis l'époque où elles vivaient ici. Sur les murailles, sur le perron, sur la margelle du puits, sur les dalles, une même usure séculaire atteste la longue durée antérieure de ces choses. Non, rien de changé nulle part. Il manque seulement un amandier là-bas, qui avait plus de cent ans et qui a dû mourir de vieillesse ; à la place où je me rappelais l'avoir connu, son tronc large se voit encore, scié près des racines.

D'autres ar-
bres, à bout de
sève, ont pris
une certaine

parure fraîche, par la grâce de l'avril une fois
de plus revenu. Un grenadier est entièrement
rouge de ses pousses nouvelles. Mais surtout

l'herbe verte, l'herbe a foisonné d'une façon étrange, depuis deux années à peine que personne n'habite plus ici ; entre les pavés, des fleurs sauvages ont pris place, et de hautes avoines folles qui aujourd'hui se courbent et se froissent, tourmentées par le vent d'ouest. Et vraiment cette herbe donne à la cour des aspects d'enclos funéraire.

Véronique va nous introduire à présent dans le principal corps

de logis, par où commencera notre visite son-
geuse. Et nous gravissons avec respect les
marches de ce perron — où, vers la fin du
XVIIIe siècle, à ce que l'on m'a souvent conté,
de joyeuses petites filles (qui furent mes grand'-
tantes, mon aïeule, et moururent octogénaires)
avaient pour jeu favori de monter et de des-
cendre en courant, sur des échasses.

Il fait noir dans la maison close. Véronique, à mesure
que nous avan-
çons, ouvre les
contrevents un
à un, et de la
lumière pénètre
par degrés dans
cette ombre : une

48

lumière grise que diminuent les branches des arbres et les nuées du ciel.

D'abord, la salle à manger, qui a gardé ses boiseries Louis XV ; c'est là que, les soirs de jadis, maîtres et domestiques réunis écoutaient avant de s'endormir une lecture faite dans une grosse bible au frontispice enluminé de rouge, que je possède aujourd'hui par héritage.

On n'a pas enlevé encore, du salon sur la rue, le mobilier du pasteur défunt. Mais c'est un mobilier qui n'est

guère moderne et qui ne détonne pas dans ce lieu, car il est d'une simplicité austère — et la sombre figure de Calvin, encadrée à la muraille, témoigne que les habitants, ici, n'ont point cessé d'être des huguenots.

La silencieuse demeure n'a pas été plus modifiée au dedans qu'au dehors. Les détails mêmes sont restés intacts. Et, en montant à l'étage supérieur, j'ai la fantaisie d'ouvrir certain placard de l'escalier, qui, dans les histoires d'enfance de mes aïeules, jouait souvent un rôle : sur ses étagères, se tenaient des pots remplis de « sucre des îles », objet d'habituelle convoitise pour les petites filles aux échasses, et des confitures faites avec les raisins mûris au soleil d'il y a cent ans...

De l'autre côté de la cour envahie d'herbes, c'est le quartier des domestiques, plus délabré, plus fruste, et une chambre où, les jours de pluie, venaient s'amuser les enfants du temps passé.

Dans cette chambre-là, je savais que ma mère, étant toute petite fille et commençant à écrire, s'était amusée une fois à graver son nom sur une vitre de la fenêtre, avec le diamant d'une bague. Je n'espérais point retrouver cela; mais le carreau a miraculeusement résisté à soixante années de possession étrangère, et la précieuse inscription y est encore! A côté de quelques griffonnages, de quelques essais moins réussis qui doivent dater du même jour, le cher nom m'apparaît très lisible, tracé d'une grosse écriture d'enfant qui s'applique : NADINE!... A l'angle du carreau poussiéreux et verdâtre, le nom se détache, en rayures légères qui brillent, sur l'image trouble de la rue où la pluie tombe.

NADINE!... Alors, je ferme à demi les yeux

et me recueille plus profondément pour me représenter, dans sa petite toilette surannée, l'enfant qui écrivit cela, vers 1820, un soir d'ennui sans doute, en regardant tristement cette même vieille rue de village toujours pareille, un soir où la pluie devait tomber comme aujourd'hui.

Le long de la cour, des bâtiments, plus déjetés sous des couches de chaux, étaient des greniers pour les récoltes, des chais pour le vin, des pressoirs pour les vendanges. Ils disent la coutume patriarcale des ancêtres, qui vivaient du produit de leurs terres et du sel de leurs marais.

Ensuite, après un portail vert, le jardin. Là, c’est un enchantement pour mon fils, qui n’avait pas prévu tant de fleurs, une telle mêlée d’arbustes fleuris. Sous le ciel toujours noir, menaçant d’averses prochaines, on dirait une sorte de bocage, qui s’en va tout en longueur, bien clos pour plus de tristesse, entre de hauts murs gris tapissés de vignes. Les plantes y sont presque retournées à l’état de sauvagerie ; mais cependant les buis des bordures, si grands qu’ils soient devenus, donnent encore à l’ensemble son caractère jardin, jardin d’autrefois, à l’abandon. Toutes sortes de vieilles fleurs de France, de ces fleurs qui se perpétuent sans être cultivées, tulipes, anémones, narcisses, jacinthes et lis, sont épanouies à profusion, foisonnant jusque dans les sentiers. Les

lilas sont des gerbes violettes ou blanches; les poiriers, les pêchers, d'énormes bouquets blancs ou roses. Il est en harmonie avec la maison, ce jardin — et celui de la Belle-au-Bois-Dormant devait un peu lui ressembler, refleurissant ainsi tout seul, au renouveau, sous l'arrosage des nuées d'avril.

Tout au fond, entre des ifs taillés et la
muraille, est une place où l'on recommandait
autrefois aux enfants de la famille de ne pas
courir et de parler bas : là, dans la terre,
dorment des ancêtres huguenots, exclus
des cimetières catholiques au temps des
persécutions du roi Louis XIV.

Et enfin, par un
autre portail, où une
date : 1721, est ins-
crite, nous arrivons
à un petit bois qui
continue notre do-
maine et
qui finit
dans la

campagne, — dans cette campagne de l'île, dénudée et plate, battue par les grands vents d'ouest, et cernée, à l'horizon extrême, par la ligne enveloppante de la mer...

Chez des gens du voisinage, que je n'avais pas vus depuis mon enfance, j'ai deux ou trois visites à faire, puisque me voici redevenu quelqu'un du pays : je laisse donc mon fils, avec son domestique et son matelot, dans le vieux jardin qui l'enchante, leur donnant mission à tous trois de fourrager parmi les branches et les fleurs mouillées pour composer une gerbe que nous porterons demain au cimetière de Rochefort, à la tombe des aïeules — afin qu'il

soit pour elles le premier bouquet cueilli par nous sur leur terre aujourd'hui rachetée.

Et, mes courses finies, quand je reviens à cette maison, seul, par les petites rues vides où l'on ne me regarde même plus passer, quand j'ouvre la porte *moi-même*, avec la grosse clef que Véronique m'a remise, alors, pour la première fois, j'ai vraiment l'impression que je rentre chez moi, ici, l'impression que ce logis vénéré m'appartient, avec tout ce qu'il renferme encore de souvenirs. Et comme c'est étrange de se trouver tout à coup maître de ces choses, qui ne semblaient presque plus réelles, tant l'éloignement et les années en avaient, si l'on peut dire, dématérialisé l'image !...

Donc, j'ouvre moi-même la porte des aïeules, et, dans la cour, —— qui me fait à nouveau son accueil désolé, avec ses tapis de mousse, son herbe funèbre, son air de vétusté et de mort, —— j'aperçois mon fils, assis entre ses deux amis sur les marches du perron et tenant la gerbe

qu'il a fini de cueillir, une gerbe de lilas et de tulipes, toute ruisselante de pluie tiède. Son ravissement n'a pas faibli; il me fait promettre que je la remeublerai comme autrefois, cette demeure, qu'il y passera ses vacances prochaines et que même nous reviendrons nous y fixer.

Je lui dis oui, comme on dit aux enfants, surtout lorsqu'il s'agit de l'avenir éloigné. Mais,

en réalité, qu'en ferons-nous bien, de cette maison ? Résider ici, fût-ce même en passant, résider au milieu de cette île, redevenir quelqu'un
de cette petite ville morne, voir chaque matin
à mon réveil ce jardin-cimetière, non je ne
pourrais plus !... A moins que ce ne soit plus
tard dans la suite des années, si, quelque part
en Orient, je ne tombe pas au bord d'un chemin... Oui, plus tard, qui sait, rentrer ici pour le
déclin de ma vie, puis dormir dans ce vieux
sol où gisent des ossements d'ancêtres... Et
qu'on inscrive alors sur ma pierre ce verset de
l'Écriture : « Celui-là est venu de la grande
tribulation !... »

A côté de mon fils, sur les marches du
seuil, je m'assieds pour songer, dans ce silence,

au milieu de ces herbes. Jamais avec autant d'effroi je n'avais entrevu l'abîme, le définitif abîme ouvert entre ceux qui vivaient ici et l'homme que je suis devenu. Eux étaient les sages et les calmes, et ma destinée, au contraire, fut de courir à tous les mirages, de sacrifier à tous les dieux, de traverser tous les pandémoniums et de connaître toutes les fournaises...

En ce moment, des phrases me reviennent

à la mémoire, prononcées par mon cher Alphonse Daudet, un jour où nous causions de mes origines et de mes ascendants de Saint-Pierre-d'Oléron : « Toi, vois-tu, — me disait-il, en riant avec compassion et mélancolie, — tu as surgi là comme un diable qui sort d'une boîte. Plusieurs générations, qui étouffaient de tranquillité régulière, ont tout à coup respiré éperdument par ta poitrine... Tu paies tout ça, Loti, et ce n'est pas ta faute... »

Est-ce que je sais, moi, si je suis responsable, ou si c'est mon temps qu'il faut accuser, ou si simplement je paie ou j'expie? Mais ce que je vois bien, c'est que la mousse et les fleurettes sauvages ont pris possession de ces marches sur lesquelles nous sommes, et que nous n'aurions pas dû les troubler par notre présence étrangère. Et, ce que je sens bien, c'est que l'ombre triste de ces vieux arbres descend comme un reproche sur ma tête. —— Non, ils ne me reconnaîtraient point pour un des leurs, les ancêtres de l'île, et leur maison ne saurait plus être la mienne. Ils avaient la paix et la foi, la résignation et l'éternel espoir. L'antique poésie de la Bible hantait leurs esprits reposés ; devant la persécution, leur courage s'exaltait aux images violentes et magnifiques du livre des *Prophètes*, et le rêve ineffablement doux qui nous est venu de Judée illuminait pour eux les approches de la mort. Avec quelle incompréhension et quel étonnement douloureux ils regarderaient aujourd'hui dans mon âme, issue de la leur !... Hélas, leur temps est fini, et le lien entre eux et moi est brisé

à jamais... Alors, revenir ici, pourquoi faire?

D'ailleurs, une seconde fois, je ne retrouverais sans doute même pas les impressions profondes de cette journée ; il n'y aurait plus, pour mes suivants retours, ces nuages et cette saison, ce renouveau d'avril entre ces murs abandonnés, ce jardin refleuri sous ce ciel noir, rien de ce qui agit à cette heure sur le misérable jouet que je suis de mes nerfs et de mes yeux.

Le mieux serait donc, il me semble, de laisser sommeiller toutes ces choses, de refermer respectueusement cette porte, comme on scellerait une entrée de sépulcre, — et de ne plus l'ouvrir jamais...

MADEMOISELLE ANNA,
TRÈS HUMBLE POUPÉE

MADEMOISELLE ANNA,
TRÈS HUMBLE POUPÉE

Dans mes lointains souvenirs de petit enfant, je retrouve une vieille domestique nommée Suzette, qui m'aimait jusqu'à

l'idolâtrie. Elle était née dans cette île d'Oléron, d'où ma famille est originaire, et qu'on

appelait chez
nous l' « île »
tout court,
de même que
jadis les La-
tins disaient
« Urbs ».
Je n'arrive

pas à bien retrouver dans ma mémoire la figure
de Suzette, — et cela lui ferait beaucoup de
peine si jamais elle venait à l'apprendre là-
haut; mais je retrouve son aspect général et
surtout sa coiffe blanche qui était, bien entendu, à la mode de l'*île*, c'est-à-dire haute
d'au moins deux pieds sur une carcasse en
fil de laiton, et qui lui
donnait beaucoup de
souci les jours où souf-
flait le vent d'ouest.

Elle avait imaginé un jour de me confec-
tionner une poupée, comme on les fait dans son
village. C'était un petit
paquet de chiffons ser-
rés, serrés, et puis cousus
dans une enveloppe en

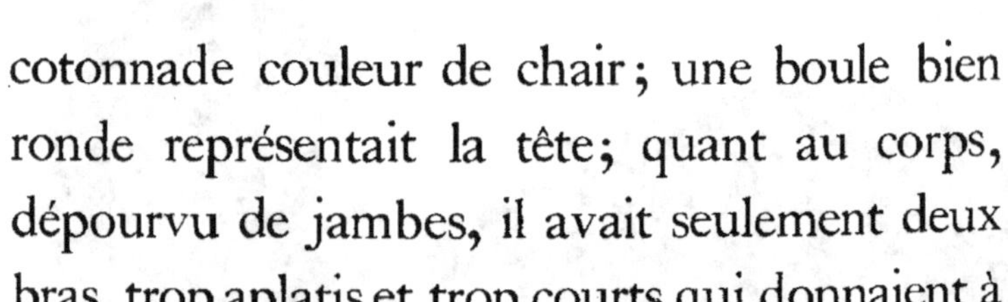

cotonnade couleur de chair ; une boule bien
ronde représentait la tête ; quant au corps,
dépourvu de jambes, il avait seulement deux
bras, trop aplatis et trop courts qui donnaient à

l'ensemble une ressemblance de phoque. Toujours, suivant la coutume de l'île, la saillie au milieu du visage était formée par un grain de maïs, introduit sous l'enveloppe et qui simulait un drôle de petit nez tout rond. Restait à colorier le visage ; là, se méfiant de son savoir, la bonne vieille était allée implorer

mon père, qui, à cette époque, consacrait ses
loisirs à l'aquarelle, et qui, pour ne pas lui faire
de peine, avait peinturluré de bonne grâce
deux larges yeux bleus, une bouche en cœur
et des joues bien roses.

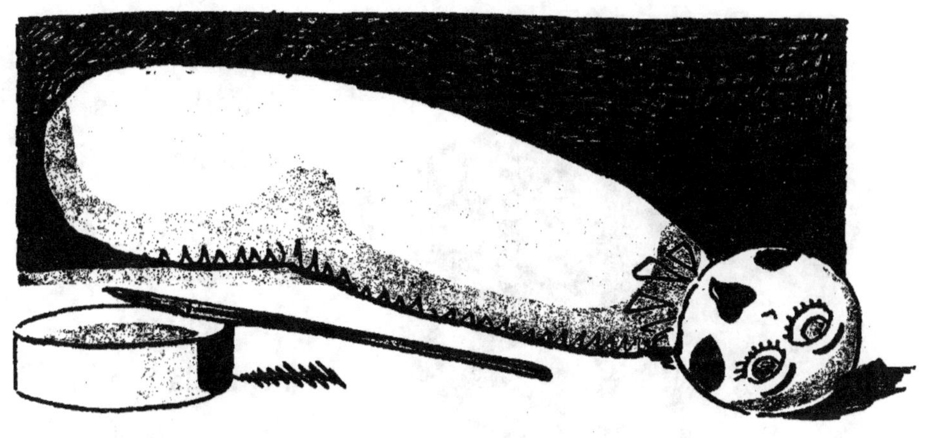

Après avoir habillé le tout d'une belle robe rouge et l'avoir coiffé d'une coiffe comme la sienne, Suzette, très anxieuse sans doute de ce que serait mon impression, était venue un matin à mon réveil me présenter son ouvrage; (elle appelait cela une « catin », nom que les bonnes gens de mon pays donnaient en ce temps-là aux poupées, mais qui, par extension,

s'est appliqué aussi aux dames dénuées de
sérieux dans
le caractère).
L'impres-
sion, paraît-il,
fut délirante.
Pour la pe-
tite catin en
chiffons, qui
fut baptisée

« Mademoiselle Anna », je délaissai mes plus jolis joujoux, et sa faveur dura plusieurs mois, pendant lesquels je ne m'endormis jamais sans l'avoir à mes côtés.

On ne sait pas assez combien il est inutile de donner aux tout petits des jouets ingénieux

ou d'un prix élevé; le moindre rien de deux
sous les charme autant, pourvu qu'il soit très

monté en couleurs et d'une physionomie un
peu drôle.

* *

Elle survécut, l'humble poupée, à la vieille
Suzette qui, vers mes cinq ans et demi, s'en
alla soudain au ciel tout droit.
A cette époque, je commençais

déjà à m'apercevoir que la pauvre « mademoiselle Anna » était bien ridicule ; en tant que

petit garçon, j'a-
vais aussi quelque

honte de m'en amuser encore, et puis, pour
tout dire, je m'affligeais de voir que le bout
de son petit nez rond noircissait de jour en
jour, à force de subir les frottements les plus
divers.

Cependant, comme j'avais déjà le sens des
reliques — dont je devais tant m'encombrer

dans la suite de ma vie — je la remisai pieusement au fond de mon armoire aux jouets, après l'avoir enveloppée d'un papier de soie.

Bonne vieille Suzette, à laquelle je repensais de temps en temps avec mélancolie, je craignais vraiment qu'elle ne fût pas très heureuse au ciel... D'abord à cause de sa coiffe qui ne pouvait manquer de l'inquiéter beaucoup, dans cette région des nuages où il devait y avoir du vent... Et puis, si intimidée sans

doute, si gênée au milieu des anges et de tout
le beau monde de là-haut!...

Justification du Tirage :

Il a été tiré de cet ouvrage trois cent deux exemplaires numérotés :

N° 1. — Exemplaire sur japon avec tirage à part en noir sur chine de tous les dessins, et les soixante-dix-sept aquarelles originales de l'artiste.

N° 2. — Exemplaire sur japon avec tirage à part en noir sur chine de tous les dessins, et la maquette manuscrite aquarellée par l'artiste.

N°ˢ 3 à 27. — Vingt-cinq exemplaires sur japon impérial, avec un tirage à part en noir sur chine de tous les dessins.

N°ˢ 28 à 302. — Deux cent soixante-quinze exemplaires sur vélin d'Arches.

Achevé d'imprimer le quinze novembre mil neuf cent vingt-sept, sur les presses du maître imprimeur R. Coulouma, à Argenteuil, H. Barthélemy étant directeur. Coloris de J. Saudé.